# 예의 없는 친구들을 대하는 슬기로운 말하기 사전

김원아 글 | 김소희 그림

사□계절

어린이 독자에게

## 슬기롭게 말하기는 어른들도 어렵습니다.

　이 책은 소통의 힘을 기르는 책입니다. 갈등 만능 해결서는 아니고 불편한 상황을 풀어 가는 방향을 제시하고 있습니다. 그저 책을 앵무새처럼 따라 읽는 것만으로는 도움이 안 됩니다. 스스로 행동을 바꾸겠다는 굳건한 다짐이 필요합니다. 내 마음을 똑바로 보는 연습, 생각과 느낌을 표현하는 연습도 필요합니다.

　모든 문제를 단번에 해결하는 마법 같은 말하기는 없습니다. 책을 읽고 새로 깨달은 것을 나의 일상에 적용할 수 있어야 합니다. 사람마다 생활 모습이 다르고, 만나는 사람도 다르고, 어려운 상황도 다릅니다. 따라서 책을 길잡이 삼아 실천하고 실패하고 또 부딪치며 나만의 방법을 찾아야 합니다.

　아무리 내가 말하기를 잘해도 친구가 내 말을 무시할 수 있습니다. 그런데 솔직하게 말하는 건 친구의 반응과 상관없이 중요합니다. 다른 사람의 말을 귀담아 듣지 않는 것은 그 친구의 문제이고, 나는 마땅히 해야 할 일을 하는 겁니다. 상처받는 상황에 나를 무기력하게 내버려두면 안 됩니다.

　만약 슬기롭게 말해도 문제가 지속되면 어른에게 도움을 요청하세요. 힘든 상황을 솔직하게 말하는 것도 큰 용기가 필요합니다. 반드시 말해야 합니다. 가만히 있어도 누군가 내 마음을 알아주는 일은 잘 일어나지 않습니다. 아무도 내 마음을 모르기에 마음을 솔직하게 표현하는 건 언제나 중요합니다.

　그런데 내 마음을 표현하면서 나만 소중하다고 생각하는 건 위험합니다. 너도 나도 소중한 사람이라 서로 예의를 갖추어야 하는 거예요. 때로 나도 실수하고 친구도 실수합니다. 나의 실수에는 너그러우면서 친구의 실수에는 지나치게 엄격하면 안 됩니다. 친구의 실수를 대수롭지 않게 넘기는 여유가 필요합니다. 그래야 누군가도 나의 실수를 관대하게 넘어가 줄 겁니다.

그리고 일상을 좀 더 긍정적으로 바라보면 좋겠습니다. 우리의 삶이 늘 기쁨으로 가득하진 않습니다. 기쁠 때도 있고 슬플 때도 있지요. 다양한 상황 속에서 슬픔보다는 기쁨에 더 집중하길 바랍니다. 사소한 문제는 잊어버리는 연습도 필요합니다.

물론 말처럼 쉽지 않습니다. 변화는 원래 어려운 거예요. 그래도 내가 원하는 모습에 가까워지는 건 뿌듯하고 행복한 일입니다. 충분히 도전해 볼 가치가 있습니다. 이 책을 읽는 여러분이 원하는 방식으로 친구들과 소통하면 좋겠습니다.

어린이 여러분, 슬기롭게 말하기를 매일 한 번이라도 꾸준히 도전해 보세요. 사실은 저도 아직 연습 중입니다. 슬기롭게 말하기는 어른들도 어렵답니다. 어릴 때부터 시작하는 여러분의 말하기는 분명 저의 말하기보다 세련될 겁니다. 편안한 일상을 응원합니다.

2022년 5월 31일
김원아

부모님에게 ♥

## 아이를 믿고 따뜻하게 지켜봐 주세요.

　부모님이 이 책을 반가워하시는 이유를 전해 들었습니다. 책에 실린 사례를 통해 아이의 일상을 이해하게 되었다는 얘기가 많았습니다. 부모님은 아이의 일상에 다가가길 원하시고 아이는 자랄수록 부모님과의 소통을 점점 줄여 나갑니다. 어릴 때는 늘 함께였는데 아이에게 내가 모르는 시간이 쌓이는 걸 보면 서운합니다. 한편으론 기특하기도 하지요.
　아이는 친구와 선생님을 만나면서 사회적 자아를 만들어 갑니다. 누구나 사람들과 잘 지내고 싶고 집단에 소속되길 원합니다. 이것은 인간이라면 누구나 가지고 있는 기본 욕구이고 잘 충족되어야 행복합니다. 그런데 건강한 사회적 자아가 만들어지는 건 쉬운 일이 아닙니다.
　어른이 되어 어릴 때를 떠올려 보면 참 다사다난했습니다. 별일도 아닌데 그때는 혼자 굉장히 심각했지요. 처음이라서 더 어려웠던 것 같습니다. 어른의 일상은 익숙한 일들의 반복이지만 어린이의 일상은 처음으로 가득합니다. 매번 처음을 경험하는 아이에게 일상은 긴장의 연속일 수 있습니다. 책에 소개된 사례를 보며 아이가 안도감을 느꼈으면 합니다.
　'아, 내게만 일어나는 일이 아니구나. 흔한 일이구나.'
　부모님은 아이와 함께 책을 보며 경험을 많이 공유해 주세요. 나도 이럴 때가 있었어, 너는 어떤 경우가 불편해? 이 책을 통해 아이의 마음에 한 걸음 다가가시길 바랍니다. 그리고 말씀해 주세요. 이런 일이 일어난 건 네 잘못이 아니야. 심지어 어른도 자주 겪는 일이야. 누구에게나 일어나는 일이니까 안심해.

　아이를 크게 걱정하기보다는 믿고 기다려 주세요. 아이는 어른이 생각하는 것보다 더 큰 성장의 힘을 가지고 있습니다. 우리가 어느덧 어른이 된 것처럼, 아이도 여러 가지 일을 겪으며 성숙해집니다. 그런데 단단해지는 데 시간이 좀 필요합니다. 어른의 시각으로 보면 미숙해 보이더라도 따뜻하게 지켜봐 주세요.

　누구도 타인의 삶을 대신 살아 줄 수 없습니다. 아무리 가족이라도 자녀의 일상에 지나치게 개입하면 아이에게 큰 도움이 되지 않습니다. 결국 내가 끝까지 함께 가는 대상은 오직 나뿐이기에 아이 스스로 힘을 길러야 합니다. 부모님은 관심과 사랑으로 지켜보시다가 자녀가 상처받은 순간을 놓치지 않으면 좋겠습니다. 넘어진 자녀를 일으켜 주시고 마음을 읽어 주세요. 부모님의 역할은 그것으로도 충분합니다.

　어떤 사람으로 살아갈지는 온전히 아이의 몫입니다. 부모님은 늘 아이 곁에 서 계시다가 성장의 순간, 아낌없는 박수를 보내 주시길 바랍니다.

2022년 5월 31일
김원아

### 수업 중

1. 친구가 자기 생각만 맞다고 고집할 때 12
2. 친구가 하기 싫은 걸 자꾸 시킬 때 14
3. 친구가 모둠 활동을 대충할 때 16
4. 시합에서 졌는데 나를 원망할 때 18
5. 내가 그린 그림을 무시할 때 20
6. 수업 중에 친구들이 옆에서 떠들 때 22

### 물건에 관하여

7. 내 물건을 자꾸 빌려 갈 때 24
8. 빌려주기 싫은 물건을 빌려 달라고 할 때 25
9. 내 물건을 허락 없이 가져갈 때 26
10. 물건을 빌려 가서 돌려주지 않을 때 27
11. 내가 빌려준 물건을 함부로 쓰고 돌려줄 때 28
12. 친구가 선물한 물건을 다시 돌려 달라고 할 때 30
13. 빌려 간 돈을 갚지 않고 또 빌려 달라고 할 때 32
14. 맛있는 거 사 달라고 자꾸 조를 때 33
15. 잃어버린 물건과 똑같은 걸 친구가 가지고 있을 때 34
16. 친구가 물건을 잃어버리고 나를 의심할 때 36

### 친해지기

17. 친구들의 대화에 끼고 싶을 때 38
18. 친구가 부러울 때 40
19. 친구와 멀어지는 느낌이 들 때 42
20. 혼자 있는 친구가 외로워 보일 때 44
21. 같이 놀기로 했는데 의견이 다를 때 46
22. 친구가 힘들어 보여서 도와주고 싶을 때 48
23. 친구가 나를 칭찬할 때 50
24. 친구의 기분이 안 좋아 보일 때 52

### 사과하기

25. 친구와 싸웠는데 먼저 사과하고 싶을 때 54
26. 친구가 내 사과를 받지 않을 때 55
27. 친구의 사과를 받아도 화가 풀리지 않을 때 56
28. 말실수했을 때 58

### 거절하기

29. 친구들이 회장 선거에 나가라고 추천하는데 나가기 싫을 때 60
30. 피구할 때 내가 받은 공을 잘하는 친구가 달라고 할 때 62
31. 친구가 대답하기 곤란한 질문을 자꾸 할 때 64
32. 무리한 부탁을 거절하고 싶을 때 66
33. 친구가 도와준다고 하는데 스스로 하고 싶을 때 68
34. 고백을 받았는데 거절하고 싶을 때 70

### 약속하기

35. 친구가 갑자기 약속을 취소했을 때 72
36. 내가 약속을 지키지 못했을 때 74
37. 약속을 바꾸고 싶을 때 76
38. 친구가 일방적으로 한 초대를 거절하고 싶을 때 78

### 갈등해결

39. 시합에서 진 친구가 시비를 걸 때 80
40. 내가 말하고 있는데 끼어들 때 82
41. 친구가 고자질하겠다고 할 때 84
42. 자기 할 일을 나에게 미룰 때 86
43. 시험을 못 쳤는데 친구가 점수 가지고 약 올릴 때 88
44. 놀이하면서 규칙을 지키지 않을 때 90
45. 친구가 나의 비밀을 퍼트렸을 때 92
46. 복도에서 서로 부딪혔을 때 94
47. 별것도 아닌 일에 발끈 화를 낼 때 96
48. 친구가 새치기했을 때 98
49. 친구가 끊임없이 자기 얘기만 할 때 100
50. 친구가 잘못하고 내 핑계를 댈 때 102
51. 친구가 내 일에 참견하고 잔소리할 때 104
52. 친구가 나쁜 행동을 같이 하자고 할 때 106
53. 친구들이 내 이야기를 하면서 웃는데 나는 기분이 나쁠 때 108

**학교 폭력**

54. 내 겉모습을 평가할 때 110

55. 친구가 다른 친구에게 나랑 놀지 말라고 할 때 112

56. 갑자기 내 말을 못 들은 척할 때 114

57. 한 친구를 콕 집어 놀지 말라고 할 때 116

58. 채팅방에서 나만 빼고 이야기할 때 118

59. 나를 힐끔거리며 귓속말을 할 때 120

60. 친구가 기분 나쁘게 해 놓고선 장난이라고 얼버무릴 때 122

61. 하지 말라는 내 말을 계속 무시할 때 124

62. 친구가 뒤에서 내 욕을 한다는 걸 알았을 때 126

 **길잡이_ 슬기롭게 말하기란?**

1. 슬기롭게 말하기의 중요성 130

2. 슬기롭게 말하기란 무엇일까? 132

3. 슬기롭게 듣기 134

4. 슬기롭게 생각하기 135

5. 슬기롭게 말하는 방법 136

6. 슬기롭게 말하기를 멈출 때 138

7. 슬기로운 너 칭찬하기 140

# 슬기롭게 말하기!

안녕? 난 슬기 토끼야!
학교 생활 하면서 친구들과 힘들 때 있지?
어떤 때 힘들었는지 생각해 보면서
슬기롭게 말하는 방법을
배워 볼까?

# 1. 친구가 자기 생각만 맞다고 고집할 때

*모둠 활동을 하는데 친구가 자기 생각만 맞대.

### ➡ 네 생각도 존중하자!

다른 사람의 생각을 존중하는 것도 좋지만 너 자신의 생각도 존중하자. 정답이 없을 때는 자유롭게 생각을 표현해도 돼. 서로가 '다름'을 존중하면 대화가 훨씬 풍성해져. 새로운 아이디어도 퐁퐁 샘솟을 거야.

## 2. 친구가 하기 싫은 걸 자꾸 시킬 때

*모둠 활동을 하는데 친구가 자꾸 명령해.

### ➡ 솔직하게 이야기하자

모둠 활동 중에 역할 나누기가 어려울 수 있어. 네가 하고 싶은 역할이 있는데 모둠을 위해 참는 건 배려 있는 행동이야. 그런데 속상한 마음이 크면 억지로 참지 말고 어떤 역할을 원하는지 솔직히 얘기해 봐. 친구는 네가 뭘 원하는지 잘 모를 수도 있어.

## 3. 친구가 모둠 활동을 대충할 때

*모둠 활동을 해야 하는데 친구가 너무 성의 없이 대충해.

＊친구들이 모둠 활동은 안 하고 딴짓만 해.

### ➡ 솔직하게 말하자!

단호하게 솔직한 마음을 전달해 봐. 친구가 알아서 배려해 주고, 잘하는 일은 별로 없어. 네 말을 들은 체 안 하면 선생님께 도움을 요청해. 수업 중 일어나는 문제를 해결하는 건 선생님의 역할이거든.

 친구들이 계속 놀면 선생님께 도움 요청하기.
"선생님, 친구들이 모둠 활동을 안 해요. 도와주세요."

## 4. 시합에서 졌는데 나를 원망할 때

*시합을 했는데 우리 모둠이 졌어.

### ➥세상에 실수 안 하는 사람이 어디 있어?

너도 속상하고 그 친구도 속상하네. 서로 속상하지만 마음은 스스로 다스려야 하는 거야. 남 탓하며 화풀이하는 건 좋지 않아. 듣는 사람도 기분이 나빠지거든. 친구의 화는 친구 거야. 공 넘겨받듯 넙죽 받지 않으면 좋겠어. 게다가 넌 아직 어리잖아. 실수를 통해 배우는 거야. 힘내!

 대수롭지 않게 넘겨 보기.

# 5. 내가 그린 그림을 무시할 때

\*미술 시간에 내 그림을 본 짝이 웃었어.

### ➡ 네가 즐겁게 했으면 됐어!

"네 그림도 웃기거든!" 하고 쏘아 주고 싶지? 그런데 그러면 결국 싸우게 될 거야. 화난 마음을 가라앉히고 어떤 점이 웃긴지 물어봐. 얘기를 들으면 친구의 생각과 의도를 알 수 있거든. 도움되는 말이면 참고하고 말이 안 되는 소리면 흘려들어. 좀 못 했으면 어때? 네가 열심히 즐겁게 했으면 된 거야.

그래? 난 내 그림이 좋은데 네가 웃기다니까 기분이 안 좋아.

다음부터는 중요한 의견이 있을 때만 얘기해 줘.

# 6. 수업 중에 친구들이 옆에서 떠들 때

\*수업에 집중하고 싶은데 친구가 떠들어.

⇒ **공부 좀 하자!**

수업 시간에 떠드는 건 남을 방해하는 행동이야.
불편한 마음을 전달하며 조용히 해 달라고 하자.

＊수업 시간인데 나에게 자꾸 말을 걸어.

### ➡ 좋은 친구는 어떤 사람일까?

수업 시간에 집중하는 건 좋은 태도야. 제멋대로 하고 싶은 마음을 가라앉히고 집중하는 연습을 하는 거잖아. 친구 얘기에 휩쓸리다가 수업 내용을 놓치면 나중에 속상할 거야. 친구는 서로를 좋은 방향으로 이끌어 주는 사람이란다.

# 7. 내 물건을 자꾸 빌려 갈 때

*친구가 내 색연필을 자꾸 빌려 가.

➡ **한두 번도 아니고 괴롭겠다!**

기분이 나쁘면 빌려주지 않아도 돼. 매번 물건을
빌려주면 그 친구는 나쁜 습관을 고치지 않을 거야.

## 8. 빌려주기 싫은 물건을 빌려 달라고 할 때

*여행 가서 사 온 장난감을 학교에 가지고 갔는데 친구가 단숨에 낚아챘어.

➡ **소중한 물건은 집에 두기!**

너에게 소중한 물건이면 빌려주지 않아도 돼. 그런데 친구가 부러워할 물건은 학교에 가져가지 않는 게 좋아. 학교에는 친구들과 나누어 쓸 수 있는 물건만 가져가자.

친구가 물건을 돌려주지 않으면 선생님께 도움 요청하기.

## 9. 내 물건을 허락 없이 가져갈 때

*친구가 내 지우개를 허락도 없이 가져갔어.

### ➡ 친할수록 더 예의를 지키기

사소한 물건이라도 허락 없이 가져가는 건 무례한 행동이야. 친할수록 더 예의를 지켜야 해. 네가 아무 말도 안 하면 앞으로도 친구는 그렇게 행동할 수 있어. 솔직하게 말하자.

## 10. 물건을 빌려 가서 돌려주지 않을 때

*친구가 내 책을 빌려 갔는데 돌려주지 않아.

### ➡ 일단 물어보자!

너에게 소중한 물건이나 중요한 일이 친구에게는 사소하거나 시시할 수 있어. 어쩌면 빌린 것조차 잊었을 수도 있지. 물건을 돌려 달라고 할 때는 받기 원하는 날짜도 같이 전하면 좋아.

## 11. 내가 빌려준 물건을 함부로 쓰고 돌려줄 때

＊친구에게 가위를 빌려줬다가 돌려받았어.

### ➡ 친구의 생각을 들어 보자!

우리는 다른 사람의 생각을 알 수 없어. 친구의 생각이 궁금하면 직접 물어봐. 네가 느낀 불편함을 표현하고 원하는 것을 얘기하자. 그리고 물건을 빌려줄 때는 네가 흔쾌히 빌려줄 수 있는지, 망가져도 기분이 괜찮을지 고민해 봐.

## 12. 친구가 선물한 물건을 다시 돌려 달라고 할 때

*친구가 어제 내게 줬던 선물을 다시 돌려 달래.

### ➡ 선물할 때는 신중하게

맞아. 한번 물건을 주면 주인이 바뀌는 거야. 그러니까 돌려줘야 할 의무는 없어. 하지만 친구가 그렇게까지 말한다면 이유가 있을 거야. 마음이 바뀐 이유를 물어보고 가능하면 돌려주자. 그래도 미련이 남으면 용돈 모아서 하나 사자!

# 13. 빌려 간 돈을 갚지 않고 또 빌려 달라고 할 때

＊문방구를 지나가는데 친구가 돈을 빌려 달래.

⇒ **친구와 돈 거래 하지 않기**

돈을 빌리고 갚지 않으면 그건 가져간 거야. 액수가 얼마가 되었건 빌렸으면 빨리 갚아야 해. 돈보다 더 중요한 건 친구 간의 믿음이잖아. 무엇보다 친구끼리는 되도록 돈을 주고받지 말자.

친구가 강압적으로 돈을 빌려 달라고 하면 선생님께 도움 요청하기.

## 14. 맛있는 거 사 달라고 자꾸 조를 때

✱ 친구랑 편의점에서 아이스크림을 하나씩 골랐는데 친구가 말했어.

### ➡ 왜 계속 너만 사야 해?

한쪽이 희생하는 관계는 오래 못 가. 불편한 감정이 쌓이면 결국 관계도 틀어져. 네 생각을 솔직히 말하는 게 친구를 위해서도 좋아. 그리고 뭔가를 사 줄 때는 그 자체로 즐거워야 해. 사 주고 스트레스를 받을 바에는 깔끔하게 각자 사 먹자.

## 15. 잃어버린 물건과 똑같은 걸 친구가 가지고 있을 때

*며칠 전에 새로 산 샤프를 잃어버렸어.
 그런데 내 짝이 똑같은 샤프를 쓰고 있네.

어제까지만 해도 저 샤프 쓰는 거 못 봤는데.

혹시 내 샤프일까?
물어보면
기분 나빠 하겠지?

### ➡ 조심스럽게 물어볼까?

너랑 똑같은 샤프를 쓰고 있어도 친구를 의심하면 안 돼. 의심받으면 누구나 기분이 나쁘잖아. 그래도 떨어진 걸 주웠을 수 있으니까 살짝 물어보는 건 괜찮을 것 같아. 만약 친구가 새로 샀다고 하면 그 말을 믿고 깔끔히 포기하자. 그리고 지금 당장 네 모든 물건에 이름을 쓰자.

## 16. 친구가 물건을 잃어버리고 나를 의심할 때

*친구가 물건을 잃어버렸어. 그런데 잃어버린 물건을 봤냐고 나에게 자꾸 물어봐.

### ➡ 의심은 의심을 낳는다!

의심받아서 속상하겠다. 친구는 혹시나 하는 마음에 자꾸 물어보나 봐. 하지만 아무리 속상해도 다른 사람을 쉽게 의심하면 안 되지. 친구가 너를 의심한다고 느껴질 때는 느낌 그대로 이야기해 봐. 속상한 마음은 공감해 주되, 네가 느낀 불편함도 표현하는 거야.

## 17. 친구들의 대화에 끼고 싶을 때

\* 친구들이 정말 즐거워 보여.

### ➡ 생각은 그만하고 다가가자!

너를 불편해할지도 모른다는 건 너만의 생각일 거야. 첫눈에 마음이 통해 친해지는 사이는 없지. 서로 알아 가며 서서히 친구가 되는 거야. 친구들이 너를 거절할까 봐 두려워? 그럼 어때, 다른 친구를 사귀면 되지. 분명히 너를 기다리는 친구가 있을 거야.

무슨 이야기해?

나도 같이 들어도 돼?

친구들이 얘기하던 중에 끼어들려면
일단 대화를 잘 듣고 내용을 파악해야 해.

# 18. 친구가 부러울 때

*친구가 상을 받았어.

### ➡ 누구나 특별해!

친구가 너보다 멋있어 보일 때가 있지. "너 참 멋있다." 하고 솔직히 말해도 돼. 친구도 분명 좋아할 거야. 하지만 누구나 특별한 무언가를 가지고 있단다. 사람마다 멋진 부분이 다른 거야. 너는 어떤 부분이 멋진 사람인지 찾아보자.

## 19. 친구와 멀어지는 느낌이 들 때

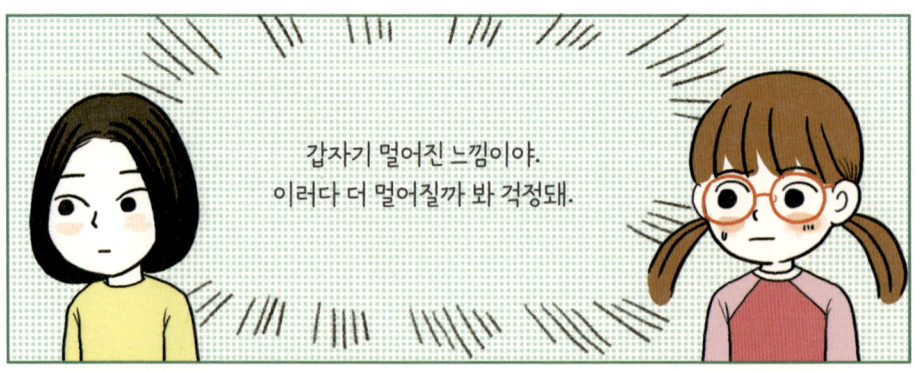

### ➡ 원인 없는 결과는 없어!

네 마음에 변화가 생겨서 불편할 수도 있고, 둘 사이에 어떤 일이 있었는데 너만 모를 수도 있지. 솔직한 대화가 둘 사이를 다시 편안하게 해 줄 거야. 짐작 가는 이유가 있으면 말해 보고, 도저히 모르겠으면 물어봐야지. 소중한 친구라면 먼저 손 내밀어 봐.

# 20. 혼자 있는 친구가 외로워 보일 때

＊저 애는 늘 혼자 앉아 있어. 외로워 보여.

너무 심심할 것 같아. 먼저 말을 걸어 볼까?

### ➡ 진심은 통할 거야!

친구가 외로워 보일 때 먼저 다가가는 건 참 잘하는 거야. 그 친구도 좋아할걸. 혹시 친구가 드러나게 좋아하지 않아도 실망하지 마. 당황했을 수도 있고 어떻게 행동해야 할지 몰라서일 수도 있거든. 그래도 결국 진심은 통하는 법이니까.

이준아, 뭐 해? 같이 놀래?

만약 혼자 있고 싶다고 대답하면 그 생각을 존중해 주기.

## 21. 같이 놀기로 했는데 의견이 다를 때

*쉬는 시간에 뭐 하고 놀지 정하는 중이야. 그런데 하고 싶은 놀이가 다 달라.

➡ **의견을 조율하자!**

친구들도 너랑 같은 마음일 거야. 이럴 땐 재빨리 네가 리더가 되어 보는 건 어때? 리더는 집단의 문제를 현명하게 해결하는 사람이야. 문제 해결을 제안하고 친구들의 생각을 모아 봐. 제안할 때 '우리', '같이', '함께' 같은 단어를 쓰면 좋아.

> 같이 방법을 찾아보자.
> 쉬는 시간마다 하고 싶은 놀이를
> 순서대로 하는 건 어때?

- 네 생각을 밝히되 친구들에게 선택권 주기.
- 생각이 계속 다르면 다수결로 결정해 보기.

## 22. 친구가 힘들어 보여서 도와주고 싶을 때

### ➡ 마음만으로도 좋다!

친구를 생각하는 마음이 멋지네. 도움이 필요한지 다정하게 물어봐. 도움이 필요했다면 무척 고마워할 거야. 거절한다면 혼자서 해내고 싶은 거고. 그건 '너'를 거절하는 게 아니고 '도움'을 거절한 거지. 그럴 때는 응원해 주자.

진구야, 내가 좀 도와줄까?

친구가 원하는 방식으로 도와주기.

## 23. 친구가 나를 칭찬할 때

*친구가 내 그림을 보고 칭찬했어.

### ➡ 말 그대로 받아들이기!

칭찬을 받았는데 부담스러워? 그냥 네가 잘하는가 보다 하고 긍정적으로 생각해. 아니라며 과하게 겸손할 필요는 없어. 그럼 네 그림이 좋다는 친구의 생각이 틀렸다고 말하는 거거든. 그냥 좋게 봐 줘서 고맙다고 하면 돼. 너는 네 생각보다 잘하는 게 많아.

> 고마워.
> 칭찬 들으니까 기분 좋다.

 선생님이 칭찬하실 때도 똑같이 표현하기. "고맙습니다."

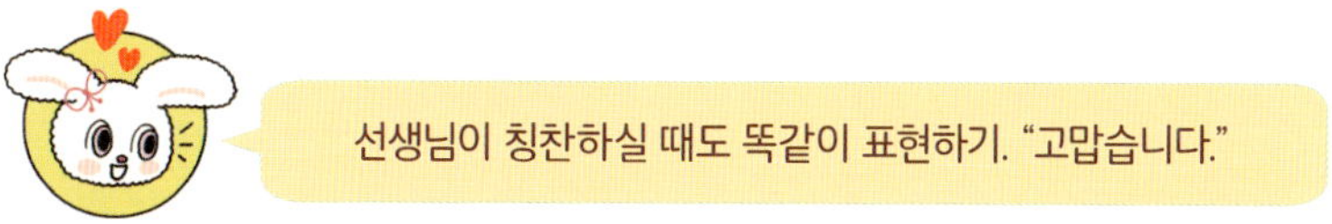

## 24. 친구의 기분이 안 좋아 보일 때

*친구가 오늘따라 기분이 무척 안 좋아 보여.

### ➡ 자기 기분을 바꿀 수 있는 건 자신뿐!

원인을 네게서 찾지 말자. 누구나 기분이 안 좋을 때가 있잖아. 물론 기분이 안 좋은 친구에게는 평소보다 더 다정하게 대하면 좋지. 네가 따뜻한 마음으로 걱정해 주면 친구도 고마워할 거야. 물어봐도 별 반응이 없으면 기분이 풀릴 때까지 기다려 주자. 자신의 기분을 바꿀 수 있는 건 자신뿐이니까.

## 25. 친구와 싸웠는데 먼저 사과하고 싶을 때

\* 친구랑 며칠 전에 싸웠는데 아직 화해를 못 했어.

### ➡ 사과는 멋진 행동이야!

사과를 먼저 하는 건 아주 어렵고도 멋진 행동이야. 막상 사과하려니 친구의 잘못도 신경 쓰이지? 그런데 사과를 할 때는 네 잘못만 말하는 게 좋아.

먼저 사과하고 싶은데 자존심 상해. 나도 잘못했지만 친구도 잘못했거든.

# 26. 친구가 내 사과를 받지 않을 때

*내가 몇 번이나 미안하다고 했는데 들은 척도 안 해.

### ➡ 조바심 내지 않고 기다리기

먼저 사과한 거 참 잘했다. 그런데 사과해도 친구가 받지 않으면 어쩔 수 없어. 그건 그 애의 몫이거든. 마음을 정리하는 데 필요한 시간은 사람마다 다르니까 기다려 보자. 진심으로 사과했으면 네 할 일은 다한 거야. 마음이 잘 전달되었다면 어느 순간 친구는 네 옆으로 돌아올 거야.

## 27. 친구의 사과를 받아도 화가 풀리지 않을 때

＊친구가 기분 나쁜 말을 했어. 사과를 받았지만 아직 용서가 안 돼.

### ➡ 누군가를 미워하면 네 마음이 힘들 거야!

친구가 사과해도 마음이 안 풀리면 시간이 필요한 거야. 그래도 가능하면 빨리 화해하는 게 좋아. 시간이 지날수록 화해가 더 어려울 수 있거든. 누군가를 미워하는 건 무척 힘든 일이야. 너 자신을 위해서라도 화난 마음을 잘 다스려 봐.

 소중한 친구라면 너무 오래 기다리게 하지 말기.

## 28. 말실수했을 때

### ➡ 한번 내뱉은 말은 다시 주워 담을 수 없다!

말하기 전에는 적절한 말인지 한 번 더 생각해 봐야 해. 평소에 네가 말을 예쁘게 했다면 오해는 금방 풀릴 거야. 미안한 마음을 전달하고 기다리자. 친구의 화난 감정과 오해도 언젠가는 풀릴 거야. 앞으로는 좀 더 신중하게 말하자.

연서야. 화 많이 났지? 말이 잘못 나왔어.

정말 미안해.

실수하자마자 바로 사과하기.

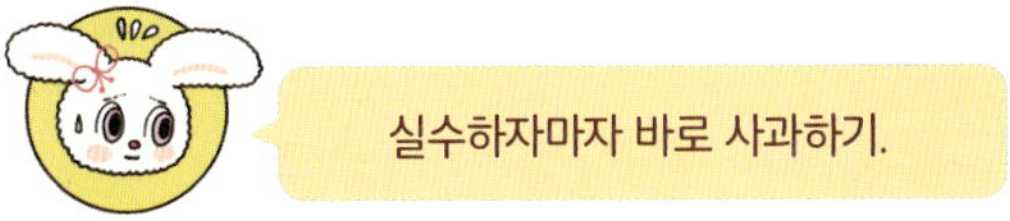

# 29. 친구들이 회장 선거에 나가라고 추천하는데 나가기 싫을 때

### ➡ 네 마음이 중요해!

친구들이 너를 추천해 주는 마음이 참 고맙네. 하지만 네가 싫으면 안 해도 돼. 물론 당장은 선생님과 친구들이 실망할 수도 있어. 하지만 그게 신경 쓰여 억지로 하면 힘들 거야. 그러니까 하기 싫은 마음을 솔직히 표현하자.

## 30. 피구할 때 내가 받은 공을 잘하는 친구가 달라고 할 때

*피구를 하다가 처음으로 공을 받았어.

내가 던질게. 공 이리 줘.

이번만큼은 내가 던지고 싶어.

### ➡ 다 같이 즐겁게!

친구 마음은 그럴 수 있지. 이기고 싶을 테니까. 하지만 함께 즐거운 시간을 보내려고 피구를 하는 거야. 잘하는 사람만 공을 던지면 모두가 즐거운 게 아니잖아. 누구나 즐겁게 참여할 권리가 있어. 씩씩하게 도전해 보렴.

실수할까 봐 걱정되지만….

이번에는 내가 던져 볼게.

 공을 못 던져도 기죽지 말기.

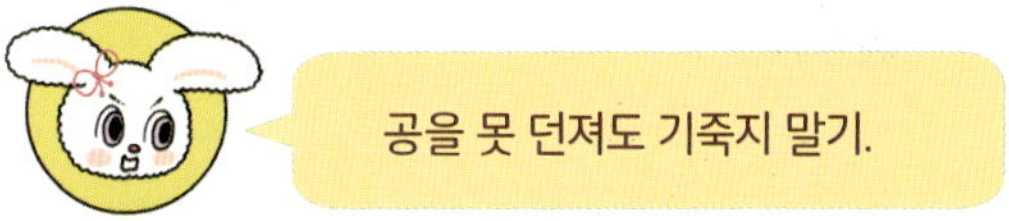

# 31. 친구가 대답하기 곤란한 질문을 자꾸 할 때

\* 친구가 자꾸 곤란한 걸 물어보는데 대답하기 싫어.

### ➡ 누구에게나 자기만의 영역이 있어!

그 친구는 너에게 관심이 많나 보다. 하지만 너무 사적인 질문은 무례하게 느껴질 수 있어. 아무리 친해도 불편하면 그 마음을 표현하고 대답하지 않아도 돼. 누구나 '자기만의 영역'이 있거든. 서로 예의를 지키며 다가가야 관계가 돈독해질 수 있어.

 그래도 꼬치꼬치 물어보면 마음 단단히 먹고 단호하게 대화 끊기.

## 32. 무리한 부탁을 거절하고 싶을 때

\* 친구가 자꾸 나한테 숙제를 해 달래.

### ➡ 자기 일은 스스로 하기!

자기 일은 스스로 하는 거야. 그 애가 할 일을 네가 대신해 주면 그 애는 점점 더 너에게 의지할 거야. 그러니까 무리한 부탁은 일찌감치 거절하자. 부탁을 받으면 네가 정말 도와주고 싶은지, 네가 할 수 있는 일인지, 그리고 이 부탁을 들어줘서 좋은 점이 뭔지 먼저 생각해 봐.

예지야, 미안하지만 네 숙제는 네가 스스로 했으면 좋겠어. 모르는 게 있으면 도와줄게.

## 33. 친구가 도와준다고 하는데 스스로 하고 싶을 때

*혼자서 하고 싶은데 친구가 나를 도와주고 싶어 해.

### ➡ 고마운 마음만 받자!

친구의 고마운 마음만 받으면 돼. 친구는 너를 도와주려는 거지 난처하게 만들려는 게 아니야. 친구의 마음이 상하지 않게 네 생각을 말하는 게 좋겠어. 친구도 이해하고 응원해 줄 거야.

"고마운데 혼자서 한번 해 볼게."

"덕분에 힘이 났어. 고마워."

## 34. 고백을 받았는데 거절하고 싶을 때

*우리 반 친구가 나한테 고백했어. 그런데 그 애의 여자친구가 되고 싶지 않아.

### ➡ 네 마음을 찬찬히 들여다봐

인기를 얻고 싶거나 친구의 마음이 아플까 봐 고백을 받아들이면 안 돼. 진짜로 네가 좋아하는 마음이 있을 때만 사귀는 거야. 누군가를 좋아하는 마음은 무척 소중한 감정이란다. 특별하게 생각해 준 마음에 대한 고마움은 표현하자. 그리고 무례하지 않게 거절하자.

> 기태야, 마음은 고마운데 그냥 좋은 친구로 지내자.

거절했다고 무시하거나 괴롭히면 선생님이나 어른에게 도움을 요청하기.

## 35. 친구가 갑자기 약속을 취소했을 때

*학교 마치고 친구랑 집에 같이 가기로 했어. 그런데 친구가 갑자기 약속을 취소했어.

나 너랑 못 갈 것 같아. 먼저 가!

계속 기다렸는데 당황스러워.

나만 약속을 지키려고 노력하는 것 같아 속상해.

### ➡ 약속은 갑자기 취소하면 안 돼!

갑자기 약속이 취소되면 누구나 속상하지. 아무 말도 안 하고 넘어가면 네가 이해해 주는 걸 당연하게 여길 수 있어. 약속을 취소한 이유를 물어봐. 타당한 이유라면 넓은 마음으로 이해해 줘. 하지만 그저 변덕을 부린 거라면 서운한 마음을 전하고 앞으로는 약속을 잘 지켜 달라고 하자.

> 갑자기 약속을 취소하는 이유가 뭐야?

> 그냥 사정이 좀 생겼어.

> 나는 너랑 같이 가려고 지금까지 기다렸거든. 앞으로는 약속을 취소할 거면 미리 얘기해 줘.

약속을 자주 취소하는 친구와는 약속을 만들지 않기.

## 36. 내가 약속을 지키지 못했을 때

*친구와 약속을 깜빡했는데 메시지가 왔어.

### ➡ 약속은 잘 지키자!

친구에게 양해를 구하고 늦더라도 약속을 지키려고 노력하자. 일방적인 약속 취소는 친구의 시간을 뺏고 불쾌하게 하는 행동이거든. 친구가 화를 내더라도 차분하게 받아들이고 사과하자. 그리고 지킬 수 있는 약속만 하자.

## 37. 약속을 바꾸고 싶을 때

＊오늘 학교 마치고 친구랑 놀기로 했어. 그런데 머리가 너무 아파.

이 상태로는 재미있게 놀 수도 없어.
약속을 바꿔도 될까?

### ➡ 모두의 시간은 소중해!

피치 못할 사정이 생겨서 약속을 바꿔야 할 때는 최대한 빨리 바꾸는 게 좋아. 그래야 친구도 그 시간에 다른 일을 계획할 수 있거든. 약속을 바꿀 수밖에 없는 이유도 구체적으로 설명하자. 그냥 변덕을 부리는 건 안 돼. 사소한 약속이라도 서로 지키면서 신뢰가 쌓이는 거란다.

## 38. 친구가 일방적으로 한 초대를 거절하고 싶을 때

⇒ **싫으면 거절하기!**

친구가 너를 초대해 준 건 고맙네. 하지만 네가 싫으면 거절해야지. 한두 번 억지로 맞춰 주다 보면 네가 재미있어 한다고 오해할 수도 있어. 그런데 친구랑 같이 놀고 싶지만 그 게임만 하는 게 싫은 거라면 다른 게임이나 놀이를 하자고 권하는 것도 좋아.

미안하지만 오늘은 집에서 좀 쉬고 싶어.
난 그 게임 하면 좀 피곤하더라고.
재미있는 시간 보내!

거절 이유를 짧고 명확하게 전달하기.

## 39. 시합에서 진 친구가 시비를 걸 때

* 친구가 시합에서 지고 괜히 나를 노려보며 투덜거려.

### ➡ 시합은 시합일 뿐

기분이 나쁘겠지만 똑같이 화를 내지는 말자. 시합에 져서 속상한 마음을 승자의 여유로 조금은 헤아려 주자. 만약 말도 안 되는 시비를 계속 걸면 못 들은 척해도 될 것 같아.

> 임철아, 속상한 건 알겠는데 짜증을 내니까 당황스러워. 그만하면 좋겠어.

- 오해하고 있는 부분이 있으면 차근차근 설명하기.
- 계속 짜증을 내면 대화 그만하기.

## 40. 내가 말하고 있는데 끼어들 때

*내가 말을 하고 있는데 친구가 중간에 자꾸 끼어들어.

### ➡ 왜 자꾸 말을 끊을까?

진짜 속상하겠다. 네 말을 소홀히 여기는 것 같잖아. 그런데 어쩌면 일부러 그러는 게 아니라 빨리 말하고 싶어서 말이 훅 튀어나왔을 수도 있어. 속상한 마음을 잘 전달해 보자.

## 41. 친구가 고자질하겠다고 할 때

\*별일도 아닌데 친구가 자꾸 고자질한다고 해.

### ⇒ 먼저 우리끼리 해결해 보자!

어떤 일이 너에게는 사소해 보여도 친구에게는 중요할 수 있어. 일단 친구의 불만이 뭔지 들어 보자. 그리고 우리끼리 문제를 해결해 보자고 제안하는 거야. 둘이서 차분히 대화하다 보면 친구도 더는 선생님을 찾지 않을 거야.

## 42. 자기 할 일을 나에게 미룰 때

＊청소를 같이 해야 하는데 자기는 바쁘다며 그냥 가.

### ➡ 자기가 맡은 일은 성실히 하기

자기가 할 일을 남에게 미루는 건 안 좋은 버릇이야. 맡은 역할을 성실히 하라고 당당하게 요구해도 돼. 물론 한두 번은 친구를 위해 배려할 수도 있지. 하지만 그게 반복되면 안 돼. 호의를 당연하게 받아들이는 사람에게는 친절을 베풀지 말자.

 계속 안 하면 선생님께 도움 요청하기.

## 43. 시험을 못 쳤는데 친구가 점수 가지고 약 올릴 때

*시험을 못 쳤는데 친구가 내 점수를 봤어.

### ➡ 나는 점수와 상관없이 소중해!

좋은 친구는 약점을 잡아 저런 식으로 놀리지 않아. 너를 함부로 대하는 친구의 행동은 단호하게 대하자. 누구나 부족한 모습은 숨기고 싶지. 하지만 시험을 못 쳤다고 해서 너의 가치가 낮아지는 것은 아니야. 점수와 상관없이 너는 늘 소중한 존재란다.

## 44. 놀이하면서 규칙을 지키지 않을 때

* 친구가 놀이하면서 규칙을 지키지 않아.

### ⇒ 시합이나 놀이는 공정해야 해!

이기고 싶은 마음은 누구에게나 있어. 하지만 규칙을 어기면서까지 이기려는 건 반칙이지. 규칙을 잘 지키자고 말하자. 그래도 변화가 없으면 불공정한 놀이에는 참여하지 말자.

정민아, 놀이할 때 네가 규칙을 지키지 않아서 불편해.

앞으로 서로 정한 규칙을 잘 지키면 좋겠어.

# 45. 친구가 나의 비밀을 퍼트렸을 때

* 어제 친구와 비밀 이야기를 했어.

### ➡ 진짜 비밀은 간직하기

먼저 친구가 비밀을 퍼트린 게 맞는지 확실히 확인하자. 그 다음에 서운한 마음을 전달해도 늦지 않아. 그 애도 네 믿음을 저버린 게 부끄러울 거야. 그리고 누군가에게 말하는 순간 비밀은 더 이상 비밀이 아니니 쉽게 털어놓지 말자.

## 46. 복도에서 서로 부딪혔을 때

*복도에서 서로 부딪혔는데 친구가 나를 노려보네.

### ➡ 다른 친구에게 화풀이를 하면 안 되지!

서로 조심했어야 하는 상황인데 억울하겠다. 그런데 저렇게 갑자기 발끈할 때는 다른 일로 기분이 나빴거나 감정 조절이 안 되는 친구일 수도 있어. 그럴 땐 사과는 하되 유연하게 한마디 하는 것도 좋은 방법이야.

괜찮아? 미안해. 앞으로는 서로 조심하자.

## 47. 별것도 아닌 일에 발끈 화를 낼 때

*잘 놀다가 친구가 갑자기 화를 버럭 냈어.

### ➡ 화내는 이유를 물어보자!

친구가 자꾸 화내면 같이 놀기 힘들 것 같아. 특히 너한테만 버럭 한다면 널 만만하게 보는 걸 수도 있어. 마음을 가라앉히고 화내는 이유부터 물어봐. 이유가 타당하면 화난 마음에 공감은 하되 너한테 화내지 말라고 하자. 그래도 계속 화를 내면 서서히 멀어지자.

## 48. 친구가 새치기했을 때

*급식을 기다리며 줄을 서 있는데 친구가 내 앞에서 새치기했어.

### ➡ 규칙은 함께 지키기로 한 약속이야!

차례대로 줄을 서는 건 규칙이야. 규칙은 함께 지키기로 한 약속이니까 모두 지켜야 해. 물론 급한 사정이 있을 수도 있어. 그럴 땐 뒤에 선 사람들에게 먼저 양해를 구해야 하는 거야. 잘못된 걸 보고서도 모른 척하지 말자.

> 병주야, 모두 줄을 서서 기다리고 있어. 너도 차례대로 줄을 서 줄래?

 못 들은 척 계속 서 있으면 바로 선생님께 말씀 드리기.

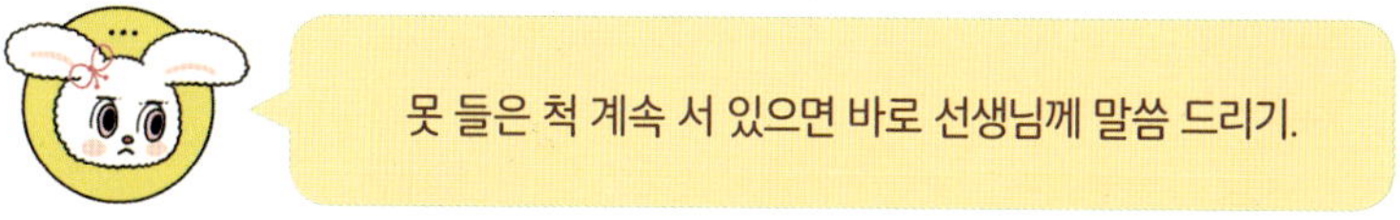

## 49. 친구가 끊임없이 자기 얘기만 할 때

*이 친구는 한번 말을 시작하면 끝도 없이 자기 이야기만 해.

### ➡ 대화는 주고받는 것!

대화는 공놀이처럼 주고받는 거야. 친한 친구라면 네 생각과 느낌도 궁금하지 않을까? 자기가 하는 말만 중요하고 네 말에는 관심이 없다면 그 친구의 이야기를 듣는 게 꽤 피곤할 것 같아. 적절할 때 네 생각을 이야기해 보면 어때?

## 50. 친구가 잘못하고 내 핑계를 댈 때

\* 친구가 자기가 잘못하고서는 나에게 잘못을 뒤집어씌워.

### ➡ 남의 탓 하지 않기!

억울하겠다. 그래도 마음을 가라앉히고 왜 그러는지 물어봐. 혹시 너도 모르게 실수한 게 있을 수도 있잖아. 하지만 괜히 트집을 잡는 거라면 따끔하게 알려 줘. 네 잘못이 아님을 차근차근 설명하고 단호하게 말하자.

# 51. 친구가 내 일에 참견하고 잔소리할 때

＊친구가 내가 하는 일에 자꾸 참견하고 잔소리를 해.

⇒ **좋은 말도 여러 번 하면 안 좋은 말이 된다!**

친구가 간섭하는 것처럼 느껴졌구나. 친구는 널 돕고 싶었거나 네가 도움이 필요하다고 오해했을 수도 있어. 네 마음을 솔직히 전하면 친구도 수긍할 거야. 혹시 친구의 말투가 불편한 거였다면, 부드럽게 말해 달라고 제안해 봐.

## 52. 친구가 나쁜 행동을 같이 하자고 할 때

*친구가 나쁜 행동을 같이 하자는데 나는 하고 싶지 않아.

### ➡ 후회할 일은 시작하지 말자!

서로를 좋은 길로 이끌어 주는 게 진정한 우정이야. 만약 친구가 시켜서 어쩔 수 없이 했는데, 나중에 진실이 밝혀지면 어떻게 될까? 선택에 대한 책임은 오롯이 네 몫이야. 그러니 다른 사람 생각에 휘둘리지 말고 네가 옳다고 생각하는 대로 행동하자.

## 53. 친구들이 내 이야기를 하면서 웃는데 나는 기분이 나쁠 때

*친구들이 내가 실수한 걸 얘기하며 웃어.

### ➡ 다 같이 즐거워야 정말 즐거운 거야!

아무렇지 않은 척 같이 웃으면 친구들은 네가 기분이 나쁜지 몰라. 그러다 불쾌함이 폭발하면 더 큰 싸움으로 번질 수 있어. 네 기분을 솔직히 말하고 그만 얘기하자고 하자. 친구들도 이해할 거야.

얘들아, 난 많이 부끄러웠어.
지금도 속상하니까 이제 그 이야기는 그만하자.

- 그래도 계속 이야기하면 자리에서 벗어나기.
- 선생님께 도움 요청하기.

# 54. 내 겉모습을 평가할 때

* 좋아하는 옷을 입고 학교에 갔는데 친구가 놀렸어.

**➡ 겉모습을 평가하는 건 예의 없는 행동이야!**

크게 신경 쓰지 마. 누군가 이유 없이 너를 하찮게 대하면 그건 네 문제가 아니라 그 사람의 문제야. 생각 없는 한마디에 휘둘리지 말고 한 귀로 흘리자.

그래도 계속 놀리면 선생님께 도움 요청하기.

# 55. 친구가 다른 친구에게 나랑 놀지 말라고 할 때

*친구가 다른 애들한테 나랑 놀지 말라고 부추겨.

### ➡ 모든 것은 부메랑처럼 돌아온다!

다른 친구들을 부추겨 누군가를 따돌리는 것은 폭력이야. 결국 자신에게 그 행동의 결과가 돌아갈 거야. 너를 따돌리려는 친구와 잘 지내려 애쓰지 말자. 그래도 나쁜 일에 대해 경고는 해야겠지?

> 다른 친구들에게까지 사실도 아닌 얘기를 말하는 건 몹시 불쾌하니까 그만해.

> 네가 나랑 놀기 싫은 건 상관없지만,

아래와 같은 상황이 일어나면 선생님과 부모님께 도움 요청하기.
1. 계속 너를 무시한다.
2. 다른 친구들에게 지속적으로 너랑 놀지 말라고 말한다.
3. 친구들이 진짜로 너랑 놀지 않기 시작한다.

## 56. 갑자기 내 말을 못 들은 척할 때

*어제까지도 잘 놀았는데 갑자기 내 말을 못 들은 척해. 이름을 불러도 쳐다보지 않아.

오늘 기분이 안 좋은가? 이상하네. 나한테만 냉랭한 것 같아.

➡ **대화로 풀면 좋겠어!**

친구의 마음속에 어떤 변화가 있나 봐. 너한테만 그러면 너와 관련된 일일 수 있지. 어쩌면 너의 의도와 상관없이 상처를 받았을지도 몰라. 잘 모르겠으면 솔직하게 물어보자. 걱정하는 마음은 전하되 너무 채근하지는 말고.

"서준아, 기분이 안 좋아 보여. 무슨 일 있어?"

"네가 갑자기 이러는 이유를 잘 모르겠어. 무슨 일인지 말해 줄 수 있어?"

아래와 같은 상황이 일어나면 선생님과 부모님께 도움 요청하기.
1. 계속 네 말을 무시한다.
2. 네 말을 무시하는 친구가 점점 늘어난다.

## 57. 한 친구를 콕 집어 놀지 말라고 할 때

*우린 늘 네 명이서 같이 다니는데

한 친구가 갑자기 다른 친구랑 놀지 말래.

오늘부터 준혁이랑 말하지 마.

둘 사이에 무슨 일이 있었나 봐.
그런데 왜 나한테까지 강요하지?
괜히 거부했다가
나랑도 안 놀까 봐 걱정돼.

### ➡ 따돌림은 폭력!

둘 사이에 문제가 있다면 둘이서 해결해야지. 여럿이 한 명을 따돌리는 건 폭력이야. 네 걱정도 이해되지만 중요한 순간일수록 목소리를 내야 해. 그건 따돌림당하는 친구를 위한 일이기도 하지만 너를 보호하는 행동이기도 하단다. 다음엔 네가 당할 수도 있어. 용기를 내 보자.

아래와 같은 상황이 일어나면 선생님과 부모님께 도움 요청하기.
1. 친구들이 ○○를 무시하고 괴롭힌다.
2. ○○ 대신 너를 무시하기 시작한다.

## 58. 채팅방에서 나만 빼고 이야기할 때

### ➡ 너를 보호할 방법을 찾자!

친구가 너를 존중하지 않으면 대화를 끝내도 돼. 남을 괴롭히는 걸 즐기는 애들이 너를 갖고 놀게 두지 마. 불편함을 표현한 뒤 그 이상한 채팅방에서 바로 빠져나와.

내 느낌인지 모르겠지만 너희가 내 말을 못 들은 척하는 것 같아.
혹시 내가 실수한 게 있다면 얘기해 주면 좋겠어.

(대답이 없으면 대화방 나가기)
그럼 난 이만 나가 볼게.

아래와 같은 상황이 일어나면 선생님과 부모님께 도움 요청하기.
1. 대화방을 나가도 계속 초대하고 또다시 무시한다.
2. 실제로 만나도 너를 무시한다.
3. 너에게 나쁜 말을 한다.

## 59. 나를 힐끔거리며 귓속말을 할 때

### ➡ 귓속말은 하지 말자!

귓속말은 오해를 사기 쉬워. 당사자들은 즐거울지 모르지만 지켜보는 사람은 소외되는 느낌이 들거든. 그래서 보란 듯이 귓속말을 하는 건 배려 없는 행동이야. 불편함을 표현해도 돼.

아래와 같은 상황이 일어나면 선생님과 부모님께 도움 요청하기.
1. 친구들이 네 요청을 무시하고 계속 귓속말을 한다.
2. 친구들이 네 험담하는 걸 확인했다.

## 60. 친구가 기분 나쁘게 해 놓고선 장난이라고 얼버무릴 때

*친구가 자꾸 나를 기분 나쁘게 해. 싫다고, 하지 말라고 하면 장난이라고 둘러대.

### ➡ 모두가 즐거워야 장난!

같이 즐거워야 장난이지 한 사람만 즐거우면 폭력이야. 무례한 장난을 참으면 점점 커질 수 있어. 처음부터 단호하게 불쾌함을 표현해. 네가 소중한 사람이라는 걸 늘 기억하고 괴로운 상황에서는 망설임 없이 너를 보호하자.

아래와 같은 상황이 일어나면 선생님과 부모님께 도움 요청하기.
1. 네 말을 무시하고 계속 장난이라며 괴롭힌다.
2. 너를 괴롭히는 친구가 점점 늘어난다.

## 61. 하지 말라는 내 말을 계속 무시할 때

* 친구가 자꾸 내가 싫어하는 별명을 불러.

⇒ **좋은 친구는 너를 존중해!**

네가 싫다고 하는데도 계속 무시하면 더 이상 친구라 할 수 없지. 여러 번 말해도 변하는 게 없다면, 앞으로도 변하지 않을 거야. 혼자서 해결할 수 없으니 어른에게 도움을 요청하자.

- 하지 말라고 해도 계속하면 무시하고 자리를 뜨기.
- 아래와 같은 상황이 일어나면 선생님과 부모님께 도움 요청하기.
  1. 네 말을 무시하고 계속 듣기 싫은 말을 한다.
  2. 너를 괴롭히는 친구가 점점 늘어난다.

# 62. 친구가 뒤에서 내 욕을 한다는 걸 알았을 때

### ➡ 앞뒤가 다른 건 비겁해!

뒤에서 욕한다는 건 불만을 직접 말할 자신이 없거나, 너를 나쁜 애로 만들고 싶은 거야. 우선 이유를 물어보자. 하지만 대화를 시도해도 쉽게 잘못을 인정하지 않을 가능성이 커. 그럴 땐 어른에게 도움을 요청해.

예지야, 네가 내 험담을 하고 다닌다는 말을 듣고 상처받았어. 왜 그렇게 말했는지 이유를 알려 줄래?

아래와 같은 상황이 일어나면 선생님과 부모님께 도움 요청하기.
1. 사과하지 않고 계속 험담을 하고 다닌다.
2. 드러내고 너를 무시한다.

### 길잡이

## 슬기롭게 말하기란?

학교 생활 정말 쉽지 않다.
그래도 계속 슬기롭게
말하는 훈련을 하다 보면
나 자신도 지키고 친구들과의 사이가
편안해지는 날이 올 거야.

## 1. 슬기롭게 말하기의 중요성
### 솔직한 나를 표현하기

기분이 나쁜데 눈치 보며 표현하지 못한 적 있니? 잘 지내고 싶어서 친구가 원하는 대로 행동한 적은? 그건 친구를 먼저 생각하느라 정작 너 자신은 존중하지 않는 거야. 슬기롭게 말하기는 진짜 너를 표현하는 거야. 듣는 사람에게 피해를 주지 않으면서 네 생각을 당당하게 말하는 거지. 친구가 너에게 주는 상처보다 네가 너에게 주는 상처가 더 커. 친구를 배려하느라 네 마음에 상처 주지 말고 솔직해지자.

솔직히 마음을 표현해도 친구가 듣지 않을 수 있어. 그래도 계속 마음을 표현해야 해. 그건 자기를 존중하는 행동이고 네가 너를 존중하면 행복해져. 너 자신을 믿으렴.

사람들은 종종 착각해. 모든 사람에게 사랑받고, 잘 지낼 수 있다고 말이야. 이건 정말로 큰 착각이야. 사람이 저마다 얼마나 다른데. 모두와 친해지려고 애쓸 필요 없어. 단 한 명이라도 너와 어울리는 진짜 친구를 만나면 되는 거야. 진실한 너를 보여 줘야 진짜 친구도 만날 수 있어. 아무리 친한 친구라도 늘 좋을 순 없겠지. 하지만 양보하고 타협하며 발맞춰 갈 순 있어. 우리 슬기롭게 말하고 슬기롭게 행동하자.

## 2. 슬기롭게 말하기란 무엇일까?

어떻게 해야 슬기롭게 말할 수 있을까?

|  | 소극적 말하기 | 공격적 말하기 | 슬기롭게 말하기 |
|---|---|---|---|
| 감정 | 실망, 자책, 원망 | 처음엔 승리감<br>나중엔 죄책감 | 자기 존중감 |
| 결과 | 나는 피곤하고<br>친구도 불편 | 나는 원하는 걸 얻지만<br>친구는 불편 | 나는 원하는 걸 얻고<br>친구도 편안 |

예를 들어 친구가 너에게 "오늘 놀자!"고 말했어. 그런데 넌 피곤해서 놀고 싶지 않아. 이럴 땐 어떻게 대답할 수 있을까?

"그래, 같이 놀자"

**소극적 말하기1** : 친구가 서운해할까 봐 네 마음을 숨기는 대답이야. 친구가 원하는 대로 하지만 정작 너는 불만스럽고 피곤할 거야.

"미안해, 학원에 가야 해."

**소극적 말하기2** : 이건 진짜 이유가 아니잖아. 핑계를 대거나 거짓말을 하면 마음이 불편할 거고, 결국 들통날 거야.

"피곤하게 왜 만날 놀자고 하니? 난 집에 갈 거야!"

**공격적 말하기** : 솔직하긴 한데 기분을 상하게 하는 말이지? 넌 원하는 대로 집에 가겠지만 네 마음도 친구 마음도 불편해질 거야.

"제안해 줘서 고마운데 오늘은 피곤해서 집에 가서 쉬고 싶어. 다음에 같이 놀자."

**슬기롭게 말하기** : 그렇지! 이게 바로 슬기롭게 말하기야. 내가 원하는 걸 말하면서 친구의 기분이 상하지 않게 배려하고 있잖아. 물론 내용 자체는 거절이니까 친구가 당장은 실망할 수도 있어. 하지만 서로 다른 상황과 마음을 이해하며 친구가 되는 거야.

## 3. 슬기롭게 듣기
### 경청

슬기롭게 말하는 것만큼 중요한 게 있어. 바로 잘 듣는 거야. 누구나 말을 할 때는 친구가 잘 들어 주길 바라잖아. 그럼 너부터 친구의 말을 잘 들어 줘야 하지. 어떻게 잘 듣냐면, 눈을 마주 보고, 입은 침묵하며, 귀를 활짝 열어 끝까지 듣는 거야.

'언제 끝나지?', '지금 이 말을 하고 싶다!' 같은 마음은 내려놓고 친구의 이야기를 집중해서 들어 봐. 잘 듣기만 해도 친구 사귀기가 쉬워진단다. 이야기가 한 차례 끝나면 질문을 해도 좋아. 질문도 관심의 표현이거든.

## 4. 슬기롭게 생각하기
### 뜨거운 생각 vs 차가운 생각

문제가 생겼을 때는 차가운 생각을 하면 좋아. 차가운 생각이 뭐냐고? 잘 들어 봐. 만약 친구가 자꾸 네 말을 끊으면 이런 생각이 들 수 있지. "쟤가 나를 싫어하나?" 이건 뜨거운 생각이야. 일부러 널 괴롭힌다고 생각하는 거지. 그러면 미워하는 마음이 생겨.

그런데 이렇게 생각할 수도 있어. "쟤 마음이 좀 급한가?", "하고 싶은 말이 많은가 보다." 이런 게 차가운 생각이야. 불편한 행동의 이유가 너 때문이라고 생각하지 않는 거야. 그러면 마음이 편해져서 원하는 걸 잘 얘기할 수 있지.

"할 말이 많겠지만 내 얘기 먼저 끝까지 들어 줄래?"

어때, 우아하지? 기분이 안 좋아서 열이 오르면 차가운 생각을 하면서 뜨거운 생각을 내려놓아야 해. "왜 그랬어?", "무슨 일이야?" 하고 물어보는 거야.

친구의 생각을 알게 되면 오해가 없어져. 이유를 알면 문제 해결도 쉽지. 불편한 상황에서 친구를 탓하는 마음이 생길 때는 차가운 생각을 먼저 해 보자.

## 5. 슬기롭게 말하는 방법
### 나-전달법

슬기롭게 말하기의 3단계를 알려 줄게.

**첫째, 일어난 상황을 있는 그대로 말하기**

일어난 상황을 있는 그대로 말해. 느낌은 빼고 사실만. 나만의 판단이나 부정적인 단어도 빼는 게 좋아. "네가 틀렸어.", ""네 행동이 나빠."라는 얘기는 들으면 누구나 기분이 안 좋아지잖아. 기분 나쁜 말로 시작하면 어떤 말도 통하지 않을 거야.

**둘째, 네 생각과 느낌을 솔직하게 표현하기**

네 생각만 맞다고 설득하지 말자. 사람들은 각자 생각이 다르거든. 그래서 생각을 표현할 때는 '나'를 사용하면 좋아. "내가 보기에는", "내가 듣기로는", "내가 알기로는", "내 생각에는"과 같이 말하는 거야. 그러면 친구도 "네 생각은 그렇구나." 하고 이해할 거야.

셋째, 원하는 것을 구체적으로 부탁하기
"네가 ~를 해 주면 좋겠어."

원하는 것을 구체적으로 말하면 좋아. 그래야 친구도 무슨 말인지 확실히 알아듣거든. "이렇게 해야 해.", "그렇게 하면 안 돼." 명령조로 말하면 자칫 원성을 살 수도 있어. 감정이 상하면 타협할 수 없단다. 서로 원하는 게 다를 때는 조금씩 양보하며 의견을 맞춰 보자.

## 6. 슬기롭게 말하기를 멈출 때

원하는 걸 솔직히 말해도 소용이 없어 보일 땐 아무것도 안 하는 게 현명해. 적어도 다음과 같은 상황에서는 안 하는 게 좋아.

### 첫째, 네가 화가 많이 났을 때

화가 많이 났을 때는 아무 말도 안 하는 게 나아. 부정적인 감정이 표정과 몸짓으로 다 드러나거든. 일단 화부터 가라앉히는 게 좋아. 친구와 잠시 떨어져 있거나 호흡을 깊게 하면 도움이 될 거야.

### 둘째, 친구가 화가 많이 났을 때

친구가 화를 내면 너도 덩달아 화내게 될 가능성이 커. 부정적인 감정에는 휘말리기 쉽거든. 한두 번 말해도 통하지 않으면 그만두는 게 나아. 한발 물러섰다가 화가 좀 가라앉으면 다시 얘기해 보자.

## 셋째, 친구가 무척 예민할 때

친구가 무척 예민해서 쉽게 상처받을 것 같으면 말하지 마. 네 생각을 말하는 것도 중요하지만 다른 사람에게 상처를 주면 안 되니까.

## 넷째, 친구가 힘든 상황일 때

안 그래도 곤경에 처한 친구를 더 힘들게 할 필요는 없겠지. 보살핌이 필요한 친구 앞에서는 네 마음을 잠시 내려놓는 아량도 필요해.

## 다섯째, 말하고 나서의 상황이 부담스러울 때

생각을 말하고 나서 일어날 일들이 부담스러우면 안 해도 돼. 말을 하는 게 안 하는 것보다 더 힘들면 그냥 참는 게 좋겠어.

## 7. 슬기로운 너 칭찬하기
### 자존감을 챙기는 너 자신

앞에 나온 말들을 그대로 따라 할 필요는 없어. 평소 말투에 맞게 조금씩 바꿔서 자연스럽게 말하면 좋을 것 같아. 뭐든 처음부터 잘할 수는 없어. 꾸준히 연습해야지. '난 못하니까 안 해야지.' 하고 숨으면 점점 더 어려워져. 말하기도 자꾸 연습해야 점점 더 잘하게 될 거야. '잘해야 한다'고 생각하면 부담스러우니까 그냥 '잘하고 싶다' 정도로 생각해 보는 건 어때?

마음을 솔직하게 표현하는 건 결과에 상관없이 소중해. 솔직하게 너를 드러내면 가장 좋은 사람은 바로 너 자신이란다. 네 마음을 먼저 챙겨야 남의 마음을 챙길 여유도 생기거든. 슬기롭게 말하기는 결국 모두를 배려하는 말하기라 할 수 있지!

예의 없는 친구들을
대하는 슬기로운
말하기 사전

2022년 1월 13일 1판 1쇄
2025년 1월 6일 1판 19쇄

| | |
|---|---|
| 글쓴이 | 김원아 |
| 그린이 | 김소희 |

| | |
|---|---|
| 편집 | 최일주, 이혜정, 김인혜 |
| 디자인 | 민트플라츠 송지연 |
| 제작 | 박홍기 |
| 마케팅 | 양현범, 이장열, 김지원 |
| 홍보 | 조민희 |
| 인쇄 | 코리아피앤피 |
| 제책 | J&D바인텍 |

| | |
|---|---|
| 펴낸이 | 강맑실 |
| 펴낸곳 | (주)사계절출판사 |
| 등록 | 제406-2003-034호 |
| 주소 | (우)10881 경기도 파주시 회동길 252 |
| 전화 | 031)955-8588, 8558 |
| 전송 | 마케팅부 031)955-8595 편집부 031)955-8596 |

| | |
|---|---|
| 홈페이지 | www.sakyejul.net |
| 전자우편 | skj@sakyejul.com |
| 페이스북 | facebook.com/sakyejulkid |
| 인스타그램 | instagram.com/sakyejulkid |
| 블로그 | blog.naver.com/skjmail |

ⓒ 김원아, 김소희 2022

값은 뒤표지에 적혀 있습니다. 잘못 만든 책은 구입하신 서점에서 바꾸어 드립니다.
사계절출판사는 성장의 의미를 생각합니다. 사계절출판사는 독자 여러분의 의견에
늘 귀 기울이고 있습니다.
이 책은 저작권법에 따라 보호받는 저작물이므로 무단 전재와 복제를 금합니다.

ISBN 979-11-6094-892-9 73180